# ÍNDICE

# DEDICATORIA

Dedico este poemario con todo el amor del universo a mis adorados hijos, pues siempre están allí, sumando en mi vida momentos especiales que edifican nuestra felicidad.

# AGRADECIMIENTO

Agradezco al Todopoderoso porque a pesar de mi inmensa imperfección mantiene el corazón latiendo y conserva en todo su esplendor la llama de la creatividad, para que pueda legar mis humildes escritos a la posteridad.

Y un sincero agradecimiento a mis fieles lectores, quienes esperan con ávida emoción cada nueva obra y me motivan a seguir escribiendo con absoluto amor y ardiente pasión.

# COMO EL SOL AL ATARDECER

Tus cabellos revolotean
acariciados por el viento
semejando los
rayos ardientes
del sol al atardecer
pero tus pupilas destellan
escondidos sentimientos
cargando temores del ayer
detrás de tu amplia frente
se ocultan
vanos sufrimientos
producto del miedo presente.

¿Por qué no sonríes
de nuevo a la vida
y destierras las heridas
púrpuras como rubíes?

Ocultas enormes tristezas
en tus ojos ayunos de afecto
tu alma es presa del dolor
y se marchita tu belleza
ante la ausencia de amor
como si tus dichas vivieran
en un planeta imperfecto.

O como si te agobiara
la descomunal falacia
de una vida pasada
que sepulta arrebolada
las tenues esperanzas
de tu incipiente nostalgia.

Me encantaría investigar
lo que lleva por dentro
tu perenne melancolía
pero te obstinas en callar
como si fuera una herejía
descubrir tu firmamento
oculto en un mundo banal.

¿Cómo dejaste perdida
la ataraxia
de tu alma
o alguien
sutilmente olvidó
sus promesas vertidas
al filo de la alborada?

¿Te abandonó en el lodo
o simplemente ese traidor
acabó con la pasión
en trampantojos ignotos?

# ME NIEGO A RETORNAR

No caeré en la trampa
de tu oscuro desamor
que ató mi espíritu
a un continuo padecer
llevándome por la senda
de un eterno dolor
hasta hacerme caer
en un letal precipicio.

Me niego a ser tuyo
en este sombrío atardecer
déjame en libertad
prefiero fallecer
en lóbrega soledad
pues impelido
por un torpe orgullo
hace un siglo te olvidé.

No te amaré nunca más
no lo haré por lástima
y menos por piedad
olvídate pronto de mí
si tienes autoestima
prefiero huir de aquí
y no pienso regresar.

Me niego a recibir
un tímido beso
ni siquiera deseo
un fragmento
de cariño
déjame en paz
quiero descansar
deseo librarme
de tu espíritu poseso
y prefiero llorar
como un niño
antes de volverte
a soportar.

No soy de tu propiedad
ni me puedes obligar
prefiero seguir
a la deriva
olvidar que existes
en el espacio sideral
prometí a Dios
que si te alejaba
para siempre de mí
o me otorgaba
un halo de libertad
moriría feliz
en total tranquilidad.

# NO MEREZCO TUS LÁGRIMAS

No creo merecer
translúcidas lágrimas
ni los inicuos desvelos
de tus bellos ojos
color de mar y de cielo.

No logré ser
un buen amante
ni compartí
tus estériles deseos
por conquistar
mi vano amor
solo te regalé dolor
y absurda soledad
porque tan solo fui
un compañero falaz
un auténtico cobarde
que te dejó
en orfandad.

Nunca me involucré
con tu frágil infinito
fui como un vano satélite
y ni siquiera aterricé
en tu planeta favorito.

Pero desde un inicio
sutilmente lo advertí
no estaba dispuesto
a ver como mi existir
se enredaba con nadie
pero te empecinaste
en llevarme
a tu solsticio
sabiendo que mi espíritu
tenía por quién vivir
y que estaba yuxtapuesto
a un eterno maleficio
que portaba con donaire.

No llores por mí
soy un ser medroso
que nunca te valoró
quien llegó presuroso
y falsamente ocupó
un breve espacio
en tu acendrado corazón.

Acepta mi trémulo adiós
esta noche marcharé
para siempre de aquí
a tu lado no volveré
no llores más por mí.

# ADHERIDA A MI SUBCONSCIENTE

No puedo olvidarte
por más que lo intente
no volveré a amarte
porque no eres mía
pero sigues con alevosía
atada a mi subconsciente.

Traté en vano de secar
las copiosas lágrimas
que en cascada
abruptamente descendían
por mis ardientes mejillas
pero tu efímero recuerdo
hacía naufragar
cualquier intento
por eludir mi pesar
y acabar las pesadillas.

No logré borrar el dolor
de tu imagen
en la conciencia
y el llanto sin ninguna razón
bajaba con suma violencia
y aterrizaba sin valor
en el núcleo del corazón.

Estás bien grabada
en mi atribulado ser
con cinceles de fuego
y a pesar de que hoy
vivimos cruelmente
separados y muy lejos
sigues con hierro marcada
en el centro del pecho.

Me persigues
hasta con
el pensamiento
ignoro si algún
lejano siglo
borraré ese
latente recuerdo
de mi libro
que me acosa
como un oscuro
y letal remordimiento.

¿Me dejarás en paz
para rehacer mi vida
o seré estrella fugaz
el resto del camino
para finalmente fenecer
a la deriva?

# MENTIRAS PIADOSAS

Dices por allí
con sumo despecho
que ya no me amas
pero frente a mí
tragas tus palabras
te sudan las manos
cuando me abrazas
y tus cálidos besos
al aterrizar en mi boca
me llegan al alma.

Somos solo amigos
y nunca nos vemos
musitas en el barrio
mientras tu nívea faz
se sonroja al verme
y tu boca trémula
muere por unirse
a la fuente ajena
perlada de rocío
de mis dulces labios
que con tanta fruición
antes devorabas
al subir las almenas
de mi castillo.

No piensas en mí
dices a tus amistades
pero escribes sin fingir
en las redes sociales
tiernos mensajes
y entrelazas corazones
con nuestras iniciales.

¿A quién deseas engañar
si al verme en plena vía
cruzas con sigilo
con el simple pretexto
de colisionar conmigo
y entre tiernas sonrisas
buscas un poco de abrigo
fingiéndote sorprendida?

No digas mentiras
pues formas ya parte
del alma mía
y si no estamos juntos
es por el destino
pues en un momento
de rabia mal contenida
y aciagos segundos
sin medir consecuencias
destrozaste dos caminos.

# RECUERDOS DE UN AMOR

Cuando oteo
el horizonte
y mis ojos convergen
con la línea divisoria
entre cielo y mar
el azul me recuerda
tu triste mirar
y el verde
la esperanza ilusoria
de tu expresiva faz.

Fueron tiempos bellos
no voy a negarlo
y el áureo sol
con sus destellos
me hace recordar
tus rubios cabellos
que tantas noches
intenté deshilar.

De repente desperté
y al observar la nieve
con su hermosa palidez
recordé esa tersa piel
que antaño tanto amé.

¿Por qué
subiste al cielo
sin mí?
¿No pensaste
en el gran dolor
que podía sentir?

Mi atribulado corazón
nunca entendió
que si Dios te hizo
a mi medida
y nos obsequió
tantas alegrías
sin alguna
posible razón
a su íntima presencia
por sorpresa te llamó.

Si no hay vida
más allá
de la muerte
o tu cuerpo y mi alma
no convergen
mi atormentado espíritu
vagará por la eternidad
inmerso para siempre
en una ilógica soledad.

# ENCUENTRO

Luego de cinco años
de varias separaciones
nos volvimos a encontrar
para analizar en dueto
si Dios con su poder
nos unirá de nuevo
y de esa forma recuperar
los latidos nada extraños
de un par de corazones.

Nos hicimos mucho daño
dejando en ruinas
una buena relación
que por injustificables celos
comenzó a languidecer
ocasionando luego
un estúpido engaño
que acabó
con los desvelos
de una flébil pasión.

¿Podrá resurgir
de las cenizas
irreales y translúcidas
un precario amor?

Nos quedamos
sin respuesta
escuchando
anonadados
los gritos
del silencio
que hacían palidecer
nuestra propuesta
de un mundo mejor
mientras en lontananza
regresaban
los demonios
de un adiós.

Pareciera tratarse
de un fortuito error
o simplemente
volvió el infortunio
pero mi marchito corazón
ya no vibra por ti
ni siquiera
en la belleza
de este nuevo plenilunio
y juntos como antes
no podemos seguir
luego de la gran tristeza
de nuestra propia escisión.

# UNA NOCHE MÁS

Concédeme una noche más
para verter mi cariño
sobre tu ardiente pecho
para amarte sin malicia
como lo haría un niño
y tiernamente prodigarte
un mundo de caricias
para crear un sentimiento
y florecer de nuevo.

Déjame adorarte
del ocaso al amanecer
y transformarte
en la dulce mujer
que porta mi estandarte.

He pensado mucho en ti
y solo necesito
una efímera ocasión
para hacerte sonreír
demostrándote con premura
que después
de la noche más oscura
vuelve el infinito
a iluminar el corazón.

Si no puedo lograrlo
prometo marchar
al confín del universo
donde no me alcances
con tu alevosía
donde el espíritu
despierte de su letargo
y mi alma fría
escriba el último verso.

Solo dame un segundo
para no morir
en soledad
y que sepas al fin
una tierna verdad
que tenía escondida
en mi infeliz submundo.

Te amo locamente
como la primera vez
y esta alborada
a tus brazos volveré
para nunca marchar
y penetraré en tu ser
como una espada
hasta despertar
los secretos de tu mente.

# UN INSULSO AMOR

Te vi por casualidad
y a mi mente
retornaron los mimos
primigenios
cuando pasaba
frente a tu colegio
luego de mis clases
en la universidad.

No pude evitarlo
y las añoranzas
se deslizaron
en forma acuosa
por el corazón
me conmovían
por el vacío
del insulso amor
que por dentro llevo
pero no desearía
vivirlo de nuevo.

Estamos cerca hoy
y en mi mente
guardo un fuerte dolor
de un tétrico poniente.

Cargaba entonces tu mochila
y toneladas de emoción
porque luego a escondidas
nos disfrutaríamos con furor.

Quise preguntar sobre ti
pero las frases del momento
pésimamente escogidas
en la garganta se atoraron
al recordar lo que vivimos
pues también lloramos
y cruelmente sufrimos
por el colosal tormento
de una triste despedida.

Ya no estamos cerca
tu llanto no me inquieta
no fuiste la primera
ni te volvería a elegir
si la vida lo permitiera.

Ayer llegaste de improviso
vestida de insípido amor
te conté que una bella mujer
trajo alegrías y pasión
y gozaremos del amanecer
en nuestro antiguo paraíso.

# YA NO SOY TUYO

No me mires con bonhomía
ni con ojos de esperanza
no pretendas conquistarme
con esa sonrisa tan risueña
estoy lejos de tu vida
y de tu conveniencia
ya tienen nueva dueña
mis suspiros de alegría.

No te acerques
simulando cariño
porque ya no somos
ni un simple recuerdo
de lo que fuimos
deseo seguir en abandono
y navegar a buen puerto.

No acaricies mis manos
ni me ofrezcas tibios besos
no soy tu príncipe amado
y mi vida va en retroceso
porque nos han separado
distancias verdaderas
abundantes lágrimas
la luna y las estrellas.

Olvídame al llegar la aurora
pues vivo en el otro extremo
de tu tórrido planeta
y ni siquiera recuerdo
la forma de la corona
o tu imagen de princesa.

Desconecta los sentimientos
bórralos de tu alegoría
porque en el triste momento
de marcharme en agonía
vertí un sólido juramento
dije que jamás regresaría.

Entiende que mi vida
marcha rauda a barlovento
hacia un ajeno norte
que ya no tengo el vicio
de saborear tus besos
al despuntar la noche.

Adiós enigmática mujer
no soy tuyo ya
déjame retornar al ayer
y huir de tu perversidad
hazlo por desamor
o tan solo por piedad.

# TU ENORME DESCARO

Sabes que soy ajeno
pero con enorme descaro
tocas la intangible puerta
de mi alma con sigilo
a pesar de no ser nada
pues nuestro pasado
se fue de forma encubierta
en la barca del olvido.

Nuestro pretérito fue bello
eso nunca lo he negado
pero la vida me obsequió
un cariño arrebolado
una mujer a quien venero
y amo con devoción.

Por eso no comprendo
que pretendas conquistar
mi mundo remoto y lejano
pues para mí
eres tan solo
un recuerdo tormentoso
un sueño estéril y vano
un sentimiento ignoto
y absurdamente tirano.

Tocas la puerta
con denuedo
mi corazón se sonroja
ante ese fugaz
atrevimiento
y el corazón marchito
se niega de nuevo
y marcha
conmocionado
a sotavento.

¿Por qué tanta insistencia
si sabes que jamás
aceptaría la inconsciencia
de tu mirada falaz?

Imagino que lo haces
por venganza
o simplemente
para curar tus heridas
vegetas en lontananza
luego de nuestra despedida.

Entiende que estás lejos
de ser la mujer querida
que cada minuto me alejo
y no te quiero en mi vida.

# CORAZÓN EN PAUSA

Decidí pausar mi destino
y posarme en otros labios
que me enseñaran
a soñar en las frías fuentes
de la madrugada
que terminaran los agravios
de mi senda pasada
que iluminaran el camino
y sutilmente llegaran
hasta el núcleo del alma.

Eres mi remanso de paz
la energía que mueve
el ocaso de mi vida
que me impele a luchar
y ser mejor cada día.

Me das enormes alegrías
me encanta tu compromiso
y esa sempiterna sonrisa
me transporta al paraíso.

¿Por qué tardaste tanto
dónde estabas escondida
con tan melifluo encanto?

Llegaste en el momento justo
cuando mi breve conciencia
con poca fe se esforzaba
por salir de las brumas
de un cariño vetusto
que a mi mustia existencia
simplemente aniquilaba.

Entiendo que tus besos
me llevarán a gozar
de las mieles del presente
que lucharás con denuedo
por hacerme disfrutar
en tu nívea luna creciente.

Siento tranquilidad contigo
y eso me hace crecer
no te vayas nunca
enséñame a vivir arrebolado
bajo tu cálido abrigo
a luchar por tu felicidad
porque Dios te puso allí
cuando más lo necesitaba
y no solo se trata de amar
a una bella mujer
sino de lograr a su lado
una íntima paz espiritual.

# EN LEJANÍA

Te observo en lejanía
oteando cielos ajenos
plantada en tierra privada
para vencer con denuedo
pero en forma taimada
mi íntimo universo
creando un nuevo mundo
en oscura sincronía
cavas un túnel profundo
en un estéril terreno
y te adhieres a mi vida.

Exigías una pronta solución
para salir de soltería
marcando sin tener razón
el ocaso de tu vida.

No podía irme contigo
con tanta premura
y negaba una respuesta
mi cielo y tu mar
por mi absoluta culpa
no se iban a encontrar
y mi evidente protesta
te llevaba a la amargura.

Con gesto autoritario
marcabas mi senda
y no estaba en capacidad
de perder en forma cierta
mi bandera de libertad.

Querías que te amara
a toda costa
como si me facilitaras
pasar por una puerta
efímera y angosta.

Ahora estás en soledad
rumiando con ira contenida
una incipiente derrota
pues eres muy ajena
a mi penosa vida
y tu dolor pesa más
que una enorme cadena.

A veces quiero
marcharme contigo
y terminar con la ironía
pero me arrepiento
porque sería un castigo
pasar de la alegría
a un turbio tormento.

# INTIMOS DESEOS

Cuando hablamos
en soledad
y tus ojos
descargan
en mi rostro
su brillo mayor
anonadado
observo una luz
incandescente
en su interior
y quisiera
vivir a tu lado
toda la eternidad.

Cuando tu boca
se posa
en la mía
al filo de la aurora
quisiera beberme
su dulzura
hasta acabar
con la agonía
que me devora
y me lleva
a la locura.

Si me duermo
amparado en la calma
de tus brazos
me quedo yermo
durmiendo del alba
hasta el ocaso.

No puedo determinar
el sentimiento
que aprisiona
mi pecho
y sin piedad
me devora
pero me encanta disfrutar
nuestras prístinas horas.

Mi anhelo más inmenso
es quedarme contigo
en una sólida relación
hasta el fin de los días
pero por alguna razón
las estrellas conspiran
para que el universo
como un infame castigo
el amor no inspira
y muere la ilusión
en una terca lejanía.

# UNA NUEVA DERROTA

Una nueva derrota
y tu vida se acabó
amabas al villano
de la historia
y como muerte
que llegó en vano
por otra se marchó.

Conocías que no era
el hombre indicado
pero te sedujo
con lindas promesas
ofreciendo un buen destino
sabías que era desalmado
no cumplía sus promesas
y un día desdichado
en plena primavera
te alejó de su camino.

Era un hombre banal
y al final te infligió
una nueva desazón
pero la terquedad
por amarlo pudo más
que tu insensata razón.

Ahora viertes tu llanto
con mucha aflicción
por sus viles patrañas
y piensas
con desencanto
causar inmenso dolor
a esa indigna alimaña.

No hace falta
que lo hagas
recuerda que al final
del incierto camino
todos los dolores
retornan al alma
y el grave daño
que hicieron
por el karma
se devuelve
con los años
y a los infames
no hay que destruirlos
ellos con su maldad
acaban de forma
ruin y deleznable
con su propio destino
con ellos mismos
y su espuria felicidad.

# VIDA CAÓTICA

Te marchaste decidida
ensombreciendo mi norte
quedé inmensamente triste
y con el alma perdida
porque eras mi consorte
y tu piel el eje de mi vida.

Ahora todo es caótico
en el centro del corazón
los días son grises
y mis sentimientos necróticos
están en profunda confusión.

Llegaste para brindar alegría
a mis noches de ternura
y no creí que algún día
acabaría nuestra aventura.

Todo es una anarquía
angustia en la alborada
terror al llegar la noche
porque no puedo tenerte.
Esa carencia de alegría
y mis continuos reproches
me llevan hacia la muerte.

Mi espíritu está inmerso
en un oscuro calabozo
y espero un nuevo día
de intrincado sufrimiento
antes todo era armonía
caóticamente hermoso
y ahora mi triste vida
es un perenne tormento.

¿Volverás en algún instante
a llenar mis tardes
de ávida emoción
o seguirás de cobarde
en una tierra distante
dejándome en
inadmisible confusión?

Regresa a mi mundo
ven y comienza a editar
una meliflua historia
te necesito para respirar
en mi vida contradictoria
trataré de hacerte valer
de darte un amor profundo
y de no volver a expresar
glosolalias tan notorias
propias de un hombre banal.

# CONFESIÓN

Me miras fijamente
con signos de pregunta
y evito sostener
el bello embrujo
de tus ojos color de mar
no es la primera vez
que dudas de mi lealtad
porque en tu alma
habita la sospecha
de que no seré capaz
de volverte a amar
hasta la eternidad.

Cuestionas con suma saña
y en forma vehemente
mi constante alegría
dices que mi alma penitente
ama a una princesa
que habita en España
intuyes con suma sorpresa
que mi corazón silente
salta fronteras baldías
y trincheras amuralladas
para perderse en lejanía
en tierras de otro continente.

Dices que cortejo a una arpía
quien me dio su amor
en momentos de ternura
que me obsequió alegría
bellos sentimientos y dulzura
y mi alma acendra con fervor
a pesar de la amargura.

Murmuras con desdén
una frase de desaprobación
pero olvidas que llegaste
a mi melancólica vida
en forma fútil y postrera
y que fuiste la primera
que abandonó en el andén
a mi atormentado corazón.

Devuelvo con denuedo
el fragor de tu mirada
y confirmo la verdad
sobre una bella mujer
que habita sin quererlo
en el centro de mi ser
que ese cariño por ella
no dejará de florecer
y vivirá en el alma
por toda la eternidad.

# LLEGADA TARDÍA

Apareces en mi vida
cuando todo falleció
estoy vacío por dentro
y ya no encuentro
el fantasma del amor.

Ya no quiero
cifrar mis esperanzas
en otro corazón
ni deseo compartir
mis mañanas
ayunas de pasión.

Prefiero continuar
alejado del dolor
tranquilizar el alma
sin dilación
y luego comenzar
con absoluta calma
una nueva relación.

Tal vez pase la agonía
y acabe la decepción
para recargar baterías
y ser un poco mejor.

Pero apareces
en mi infértil senda
para forjar un futuro
prometes presurosa
que nuestra unión
será color de rosa
y que tu ofrenda
me hará sentir seguro
al final de la creación.

Expreso que ya es tarde
respondes que aún no
miro tus ojos pardos
y veo determinación
pero me siento cobarde.

Sonríes con convicción
musitas que nunca
es tarde para amar
que tu recio corazón
no se dobla ni se trunca
y luchará hasta el final.

A pesar de eso considero
que llegas al morir el sol
estoy seco por dentro
murió la flama del amor.

# EN PLENILUNIO

Cada luna llena
me trae el bello recuerdo
de tu cantarina sonrisa
de aquella sedosa melena
color del sol a mediodía
y de unos ojos violeta
que sutilmente estremecían
cada sensible célula
de mi etéreo firmamento.

En esas noches plateadas
hablábamos del futuro
nos comíamos a besos
mientras disfrutaba
el almíbar tan puro
de esos labios bermejos.

Eran plenos de alegría
nuestros proyectos conjuntos
decías que mi vida
era la base de tu mundo
la fuente de tu camino
y que algún glorioso día
el amor sería fecundo
en nuestro áureo destino.

Te adoré con el alma
y vertí todo mi amor
sin saber que Dios
terminaría con la calma
de una vida para dos.

Esa luna esplendorosa
ofrecía hermosas vistas
a tus jardines de rosas
y hacía brillar tus hermosas
pupilas de amatista.

No olvido esos bellos
y encantadores plenilunios
cuando cara a cara
dialogábamos en la cama
durante horas trenzaba
en las noches de junio
tus inmaculados cabellos
y me ensimismaba
en tus tiernas palabras.

Ahora duermes en frágil cuna
allí donde la muerte habita
mientras yo sigo en la bruma
rumiando mis desdichas
y observando nuestra luna.

# SIN DERECHOS

No tengo el mínimo
derecho de pensarte
porque ya no eres mía
dejaste mi mundo íntimo
por mejores horizontes
ahora embelleces el hogar
de tu nuevo consorte
y te instalas en otra parte
lejos de una mísera vida.

Fuiste mía
a pesar de tus reproches
disfrutamos veranos
en armonía
pero el calor
de las estivales noches
se marchó
junto con la fantasía.

No tengo derecho
de pensar en ti
en este momento
pero nadie puede
evitar mis sentimientos
porque al dejarte fallecí.

Tal vez no vuelvas
a derramar
tus hechizos
sobre mi trono
y eso pesa más
que toneladas
de abandono.

Perdí mis derechos
aquella infausta alborada
cuando expresaste
que bastaban los acechos
que tan solo deseabas
estar libre de fricciones
y liberar nuestro trecho
de estériles discusiones.

Dices que no eres mía
y quizá tienes la razón
pero nadie en el planeta
me puede arrebatar
el legítimo privilegio
de pensar en tu silueta
o de cometer el sacrilegio
de custodiar
nuestras lindas sinfonías
en el núcleo del corazón.

## SIMPLES ATADURAS

Tu forma de pensar
es muy ambigua
crees que por fundir
en noches perdidas
nuestros cuerpos
apenas saturados
de pasión exigua
soy parte de tu vida.

Crees que por salir
en forma ocasional
se crean férreas ataduras
y que esa sensación sutil
se sale de lo normal.

Piensas que ya lograste
generar un sólido cariño
y simplemente ignoras
que para establecer
fuertes relaciones
debe construirse un destino
sobre pétreos cimientos
y que se empieza a florecer
después de muchas horas
enriqueciendo el tiempo.

Lo cierto es que vivimos
sin ningún tipo de ligaduras
y avanzamos con sutileza
sin acelerar el ritmo
de un dubitativo placer
pero en tu frágil cabeza
de espejismos y locuras
ya somos marido y mujer.

Entras en indignación
cuando expreso
que no te pertenezco
y que debes llevarlo
con mucha calma
que al poseer mi cuerpo
aún no te anexas el alma
y que tenerme es un sesgo
de una incipiente pasión
es solamente un reflejo
de lo que expresa la razón.

Mientras sigas creando
un cariño mal enraizado
en un lecho de amargura
seguiremos vegetando
vanamente enredados
en anodinas ataduras.

# TU SONRISA

Tu sonrisa
cantarina
discurre fresca
por mi senda
como agua prístina
de manantial
que alegra
cada una
de mis leyendas
como lluvia
en época invernal.

Me encanta
cuando sonríes
porque brindas
plena felicidad
a mi mustia vida
y su dulzura
me permite
soñar con alegría
siento electricidad
al besar tus mejillas
que encendidas
como rubíes
regalan su ternura.

Al sonreír

unes mi cielo

con tu mar

y el optimismo

egresa a raudales

porque esa bonhomía

es como un anhelo

de energía

para luchar

contra todo

hasta el final.


Las perlas de tu boca

enternecen mi universo

me hacen soñar

en nuestras húmedas

noches invernales

y disfruto con fruición

las cosas más banales

escribiendo para ti

mis íntimos versos

pues tu beldad me provoca.


Sonríe para mí

gracias por amarme

y hacerme feliz

en esta bella tarde.

# MI PAZ

Estoy en paz conmigo
y con el resto
del planeta
en la inmensidad
de esta bella tierra
el hecho de mudarme
a la tranquilidad
de un ambiente
netamente campestre
me alejó del ruido
de la ciudad
y me enseñó a amar
la vida silvestre
con total intensidad.

Es lindo habitar en el campo
disfrutando ensimismado
los susurros del río
la dulce melodía
de unos pájaros blancos
y en las noches de estío
ver las estrellas fugaces
escuchando con cuidado
la melodía nocturna
de las aves rapaces.

Vuelven a mí
escenas de la niñez
cuando habitábamos
muy lejos de aquí
cerca de la playa
decidimos quedarnos allí
disfrutando con sencillez
en medio de la nada.

Pero Dios quiso
que estudiara
muy lejos del hogar
en grandes ciudades
mientras añoraba
el susurro del mar
y la quietud del paraíso.

Ahora volví
a mis raíces
soy feliz de nuevo
en Sarapiquí.
Gozo de paz
y cada minuto
mi tranquilidad
con fruición renuevo
disfrutando en el vértice
de una absoluta libertad.

## ALGO NOS UNE

Quedan fragmentos
de un sublime amor
dormitando en
nuestras almas
como si el destino
pudiera mantener
levemente encendidos
los breves elementos
de la esperanza.

Fuimos soñadores
y engreídos amantes
que absorbían la vida
en cada porción
de su vaporoso cuerpo
y ahora ignoramos
en qué aciago momento
Dios decidió castigar
nuestra falaz alegría
y nos volvió humanos
sin asomo de compasión
pues como pécoras malditas
estábamos más cerca
del oscuro averno
que de la justicia divina.

Nos burlábamos
de un olvidado mundo
creíamos tener
todo bajo control
reíamos del destino
sin suponer
que perderíamos el sol
de nuestro fútil camino
y de súbito nadamos
en lo más profundo.

Cada individuo
vive su tormento
y ahora tan solo
somos ángeles
caídos del cielo
volvimos al terror
del subsuelo
en un fatal momento
por transformarnos
en pecadores asiduos.

Algo nos une hoy
quizá un trozo de pasión
o la desilusión de saber
que en un roto corazón
la paz no volverá a florecer.

# SUEÑOS

Sueño en todo momento
que volverás a mi lado
y que retozaremos
abrazados en la hierba
mirando el firmamento
bajo el dominio de un ser
que muy entusiasmado
tiernamente nos observa.

La mente vuela
al fugaz infinito
y veo tu cuerpo
junto al mío
unidos por
caricias espurias
falsos gemidos
falaz alegría
o un llanto contenido.

Recordé tu trémulo rostro
Iluminando mi vida
con sus verdes esmeraldas
que destellaban pasión
encendidas noche y día
para sellar nuestro amor.

Imaginé tu perfecta boca
navegando sutilmente
por cada centímetro
de mi trémula piel
aterrizando en el sur
donde existe la miel
que con su dulzura provoca
en la oquedad de la mente
nuestros placeres efímeros.

Solo puedo fantasear
porque estás muy lejos
en el frío norte
donde nadie habita
allá las esperanzas
sin sol se marchitan
porque solo hallarás
mis tímidos reflejos.

¿Se vale soñar
en este momento
que regresarás
al planeta por mí
o es mejor pensar
que ni siquiera existo
en la oscuridad
de tus pensamientos?

# PECADOS

Cometí el pecado
de apoderarme
de un solitario
y vano corazón
que no estaba atado
a mi vida
pues navegaba
a la deriva
y necesitaba
la cercanía
de otro amor.

Sabía que no era
para mi felicidad
y sin ninguna razón
lo llené de caricias
pleno de falsedad
juré alimentarlo
con ficticias
noches de pasión.

Cayó en mi trampa
y tiempo después
se rindió ante la estampa
de mi obnubilado ayer.

Pero un aciago día
el destino se vengó
y de ella me enamoré
llenando de alegrías
el centro de su pecho
haciendo palidecer
mi trémulo corazón.

Perdí la tranquilidad
por todo lo actuado
y hoy continúo
expiando mis pecados
pues al terminar
el periodo de maldad
el supuesto ser amado
me dejó en soledad.

Hoy me pregunto
si existe el karma
o es solo el castigo
por un ruin engaño
pero mi ser enciende
sus sensibles alarmas
al sentir por un segundo
que no estarás conmigo
y no podré olvidarte
en decenas de años.

# TE LLEVASTE TODO

Anoche te marchaste
rauda hacia el sol
cargando en tu espalda
el peso de mi dolor
te llevaste todo
lo bueno y también
retazos de lo malo
no me dejas nada
ni siquiera tus ojos
plenos de esmeraldas.

Eras mi vida entera
ejecutada con primor
fuiste mi soberana
la virgen de mi tierra
y la dueña absoluta
de mi sutil amor.

Te creía mi mundo
la luz de un tórrido norte
el aire que llenaba
los pulmones
y el combustible
que impelía cada segundo
mis tibias emociones.

Hoy no estás conmigo
pero llevas inmerso
en el subconsciente
el elíxir de un trémulo ser
porque lo entregué
en forma ardiente
a una amada mujer
que vuela al universo.

No me queda nada
me dejaste en orfandad
sin un poco de calor
te llevaste la pasión
inmersa en la mirada
no tengo ni la mitad
de un oblicuo corazón.

¿Me devuelves
un fragmento
de aquel
cariño inmenso?

¿Necesitas el color
de la vida que robaste
o puedes vivir sabiendo
que me destrozaste
y que muero sin tu amor?

# REGRESAS CON LA LLUVIA

Regresas a mi tierra
como un huracán
rebosante de lluvia
como si mi alma entera
nadara en ese fluido
transparente y vital.

Llegas con una audaz
y húmeda movida
pero no te necesito
pues comparto
mi contradictoria vida
con una mujer
hecha de granito
y que se apoderó
de todo mi ser.

Pretendes ingresar
al núcleo del corazón
diluida en prístina agua
porque ahora piensas
que mi amor en decadencia
sufre por la fragua
de tu íntima ausencia
y carece de pasión.

Semejas la diosa perfecta
de una lluvia bendita
pero no eres la predilecta
ni mi entorno te necesita
ya no vive en orfandad
tiene su propia
independencia.
aprendió a existir en soledad.

No te entrometas
en mi incipiente calma
exijo una oportunidad
para olvidar mis penas
quiero desintoxicar
el núcleo de mi alma
y crear una ígnea realidad
con alguien que me llena.

No necesito la energía
de tu elemento acuoso
pues también florecen
las rosas más bellas
en un desértico foso
y así como renace  .
en el pecho la alegría
seré feliz y exitoso
inmerso en las estrellas.

# PERDIDO EN TU MIRADA

Mi ser nunca entendió
cómo se empezó a enredar
en esa cálida piel
sumergido en la pasión
atrapado en su mirada
consumido en pavesas
luego de fusionadas
mis dulces promesas
en su ardiente corazón.

No puedo explicar
en cuál infausto
y cruel momento
mi ser entregó
el alma y el cuerpo
porque la razón
de súbito se obnubiló.

Dejé de vivir
solo soñaba
con sus ojos
de destellos esmeraldas
que despertaban
una pasajera calma
terminando mi sufrir.

Dejé de respirar
por seguir su camino
moría cuando sus labios
no aprisionaban los míos
sufría al alcanzar
el final del destino
y no poderla abrazar.

¿En qué momento
te apoderaste
de mis pensamientos
y la tranquilidad
tan fácil me robaste?

¿Es amor lo que siento
o es que el embrujo
de tu misterioso ser
mi pétreo corazón sedujo
y se apoderó sin querer
de mis sentimientos?

La triste realidad
es que ignoro
lo que experimento
me haces llegar
al firmamento
y de mí ya no saldrás.

# PRESAGIO

Amanecí inmerso
en tus níveos brazos
y murmuras
en mi oído
un mundo
de promesas
ofreces amor eterno
pasiones desbordadas
férreos lazos
y sorpresas
en la cama.

Me miras
dulcemente
regalando sin aviso
destellos plomizos
que penetran
como tornados
mi húmeda piel
y me transportan
enajenado
al paraíso
soñando con poseer
para siempre
tus ojos claros.

Llegaste con el viento
y en mi mar en calma
sentí el extraño presagio
de que nunca más te irías
que tu repentino naufragio
sería pleno de alegrías
y que tu firmamento
acendraría mi alma.

Luego de un largo trecho
tu luz se fue apagando
difuminada en el tiempo
fallecieron las pasiones
y todos los juramentos
por innumerables razones
terminaron bajo el lecho.

¿Qué sucedió
con tu mirada
y cómo aprendió
a ser tan simulada?

¿Olvidaste con la claridad
todo lo prometido
era pura alharaca
y solo queda la opacidad
de tu íntima resaca?

# RUMBO AL CIELO

Sin esperar un milagro
me enviaron muy arriba
intenté tomar
tu trémula mano
o al menos enjugar
el copioso llanto
que inundaba tus mejillas.

Observé el dolor
en tus ojos vidriosos
y me dolió la conciencia
no creías que tan pronto
Dios me llamaría
a su presencia
pero mi breve transitar
en tu mundo hermoso
llegó de súbito a su final.

Quise brevemente musitar
una infausta despedida
pero no escuchabas
la plegaria de mi voz
mientras la esperanza
se elevaba conmovida
hasta el entorno celestial.

Intenté explicarte
que el poco tiempo
disfrutado en compañía
hizo enloquecer
mi corazón
eras mi vida
mi ilusión
y la más
grande alegría
que Dios me regaló.

Pero no escuchabas
mis bellos epítetos
el éter envolvía
el núcleo del espíritu
y a la tierra
ya no regresaba.

Quedaban cosas
por experimentar
compartir con alegría
muchas noches
de ardiente pasión
faltaba disfrutar
tu agradable compañía
hasta alcanzar
una increíble comunión.

# NO QUEDA NADA

Lo nuestro terminó
como acaba el verano
al llegar la lluvia
arrastrada con premura
por el ciclón
de un pálido mayo.

Murió el amor
en mala hora
como fallecen
las noches
al llegar la aurora.

Acabó el cariño
como termina el firmamento
al llegar el último día
de exiguos pensamientos.

Todo finalizó
como muere el año
al llegar diciembre
cada ola se pierde
al estallar en los escaños
de una triste playa
olvidada por Dios.

No queda nada
de aquel inmenso amor
ni siquiera las pavesas
de un incendio abrasador.

Ahora no somos
más que tú y yo
solo quedan los lamentos
en nuestro vano infinito
somos polvo en el viento
todo es espejismo
porque el universo feneció.

Solo nos quedan
jirones de piel
en un amargo despertar
saturado por la hiel
que me obligas a portar.

Ya no somos nada
ni siquiera tú y yo
solo queda el rumor
de una promesa enraizada
donde todo empezó.

Ni siquiera sonrío
¡ese no soy yo!

# ¿QUIÉN PERDIÓ MÁS?

Dices con saña en la calle
que el fin de nuestro cariño
vegeta en el tenebroso valle
de un apático vencido.

Musitas al viento
que todo lo perdí
que paso amargos momentos
triste y solo sin ti.

Escribes en las redes
que soy un fracasado
y expresas con enojo
que llevo en mi mente
tan solo los despojos
de un cariño hurtado.

Olvidé la existencia gris
que a tu lado recibí
desterré los temores
pues aprendí a existir
sin tu presencia
sin sentir un odio vil
adherido a mi conciencia.

Extravié desesperanzas
pues contigo disfrutaba
solo efímeros placeres
era mejor sucumbir
a la melancolía
porque ya no sumabas
esporádicas alegrías
y tan solo restabas
brillo a mis amaneceres.

Dejé sepultadas
muchas nostalgias
inmersas en centellas
era una absurda agonía
como la que experimentan
las rutilantes estrellas
al arribar un prístino día.

No abandoné nada bueno
porque al mirar atrás
dejé tan solo olvidada
la tenebrosa oscuridad
de un estéril firmamento
de una espuria pasión
que tan solo dejaba
una vana desesperación.

# BUSCO

Busco en el infinito
tus bellas sonrisas
pero solo queda
un trozo de dolor
tu incolora silueta
se precipitó en el abismo
de tu alejado planeta
pareciera que un
absoluto pesimismo
me cayó encima hoy.

Busco el destello rojizo
de tu sedoso cabello
pero lo perdiste
al llegar la alborada
quisiera hundirme
en la belleza
de tus ojos verdes
pero solo encuentro
el mar que en sotavento
lentamente se pierde
o valiosas esmeraldas
adheridas al paraíso
de una frágil naturaleza.

Busco inocentes alegrías
pero el inesperado fragor
del encapotado cielo
expresa con altanería
que mi más lindo anhelo
se fue adherido a tu amor.

Exploro tus huellas
pero marchan
hacia otro hogar
como si las estrellas
nos quisieran separar.

Escudriño en lejanía
tus mejillas marchitas
consumidas por los años
pero no están escritas
sus contradictorias líneas
en perfecta sincronía
ni brillan tus iris huraños.

Hasta el delgado hilo
del recuerdo perdí
te busqué con sigilo
no te encontré en un siglo
y de improviso fallecí.

# EN TINIEBLAS

Mi atribulada mente
quedó en tinieblas
y no logra descifrar
lo que alrededor pasó
ayer eras mi presente
hoy navego en la niebla
creada por un penitente
y tenebroso desamor.

Eras mi universo entero
la mitad del corazón
la piedra angular
de nuestros íntimos deseos
el núcleo de mi credo
la compañera especial
y el éxtasis de la pasión.

Viajabas adherida
a mi nublada razón
atada al subconsciente
del primer amor.
Ese inocente rubor
y tus besos candentes
eran mi adoración.

Pero me abandonaste
al anochecer
cuando más pensaba en ti
ahora trato de entender
por qué te perdí
una gran pena me legaste
y el oprobio de tu ser.

¿Qué te hice ayer
para que con tanta maldad
dejaras mi humilde ser
en total oscuridad?

Creo que no merezco
vegetar en la penumbra
siempre te respeté
nunca quise tu mal
por ti entregué
una mísera vida.
Pero todas tus iras
me deslumbran
dejaste una herida
en mi inocente bondad
y aunque permanezco
luchando en soledad
vivir sin ti no podré.

Made in the USA
Columbia, SC
24 December 2024

48467900R00041